AF232207

॥ श्लोकरचनाविधिः ॥

THÉORIE DU SLOKA.

॥ ओं ॥

श्लोकरचनाविधिः

THÉORIE DU SLOKA,

OU

MÈTRE HÉROÏQUE SANSKRIT,

Par A. L. CHÉZY,

MEMBRE DE L'INSTITUT, PROFESSEUR DE LANGUE SANSKRITE AU COLLÉGE ROYAL DE FRANCE, MEMBRE HONORAIRE DE LA SOCIÉTÉ ASIATIQUE DE CALCUTTA, ETC., ETC.

PARIS,

LIBRAIRIE ORIENTALE DE DONDEY-DUPRÉ PÈRE ET FILS,

IMP.-LIB. ET MEMB. DE LA SOCIÉTÉ ASIATIQUE DE PARIS,

Et Lib. de la Soc. Roy. Asiat. de la Grande-Bretagne et d'Irlande, sur le Continent,

RUE RICHELIEU, No 47 *bis*, ET RUE SAINT-LOUIS, No 46.

1827.

INTRODUCTION.

———❦———

Dᴀɴs une lettre à l'abbé d'Olivet, Voltaire s'exprimait ainsi :

« Vous ne me condamnerez pas sans doute quand
» je vous répéterai que le grec et le latin sont, à
» toutes les autres langues du monde, ce que le jeu
» d'*échecs* est au jeu de dames, et ce qu'une belle
» danse est à une démarche ordinaire. »

Quel eût été l'étonnement du philosophe, si on lui eût dit qu'il existait une langue au moins aussi parfaite que le grec et le latin, et que cette langue était celle du peuple même à qui nous devons l'invention des *échecs !*

« Je tiens, dit-il ailleurs, en fait de langues, tous
» les peuples pour barbares, en comparaison des
» Grecs et de leurs disciples les Romains, qui seuls
» ont connu la vraie prosodie. »

Nous aimons à croire que si cet homme célèbre eût connu la langue sanskrite , il aurait accordé le même mérite aux Indiens, dont la prosodie est infiniment plus riche et plus variée que la prosodie grecque et latine, et dans laquelle il n'y a point de *douteuses.*

Parmi le nombre prodigieux de mètres dont elle enseigne les lois, on y remarque trois espèces surtout qui jouent un rôle très-important dans la versification.

Conformément à la première, le vers est mesuré par pieds de quatre momens chaque $\smile\smile\smile\smile$, en sorte que la quantité y est fixe et le nombre des syllabes variable, à la manière de l'hexamètre des Grecs et des Latins.

La seconde exige que le vers soit construit de telle sorte que non seulement la quantité y soit fixe mais aussi le nombre des syllabes, ce qui, dans certains cas, le rapproche du vers iambique. De plus le thème en est uniforme, les mêmes pieds devant toujours revenir aux mêmes places.

Et selon la troisième, le nombre des syllabes est constamment le même, c'est-à-dire de seize au vers, mais la quantité variable, en sorte que ce mètre semble tenir le milieu entre les deux autres.

C'est de cette dernière espèce seulement que nous allons nous occuper.

॥ श्लोकरचनाविधिः ॥

=

THÉORIE DU SLOKA.

Les lois de ce mètre, celui de tous peut-être qu'il importe le plus de connaître, puisqu'il est un des plus employés par les poètes indiens, et qu'il constitue particulièrement ces antiques compositions, les Pourânas, le Râmâyana, le Mahâbhârata, etc., monumens littéraires aussi prodigieux dans leur genre que les étonnantes sculptures d'Élora; les lois de ce mètre, dis-je, sont, par une fatalité singulière, indiquées d'une manière obscure dans le Mémoire d'ailleurs excellent du célèbre Colebrooke sur la prosodie sanskrite et prâkrite.

Désirant éclaircir ce point important de la métrique indienne, et ayant long-tems cherché en vain

à m'en faire une idée nette d'après les principes
émis dans le savant Traité dont je viens de parler,
j'ai enfin pris le parti d'en découvrir moi-même les
règles en étudiant avec soin un très-grand nombre
de poèmes indiens, composés dans ce mètre; et ce
n'est qu'après en avoir scandé, avec la plus scru-
puleuse exactitude, une quantité immense de vers,
et par la comparaison attentive d'un nombre d'exemples suffisant pour présenter sans doute tous les cas
possibles, que j'en ai déduit la théorie suivante, que
je crois pouvoir soumettre avec confiance au juge-
ment des Pandits les plus éclairés, et que, par un
rare bonheur, je suis parvenu à renfermer toute en-
tière en quatre vers sanskrits, composés dans le
mètre même dont ils tracent les lois.

Mais comme ces vers offrent des signes de con-
vention, adoptés par les grammairiens indiens, pour
représenter, d'une manière abrégée, les différens
pieds de trois syllabes, usités dans la poésie, ils
demeureraient une énigme pour le lecteur si nous ne
les faisions précéder de quelques éclaircissemens.

Les Pandits, ayant réduit toutes les règles de
la grammaire en simples aphorismes ou plutôt en
formules techniques d'une concision désespérante,
ne sont pas restés en arrière en fait de prosodie.
C'est ainsi qu'ils ont représenté, entre autres, chaque
pied de trois syllabes par une simple lettre dans
l'ordre suivant ; savoir :

Le *molosse*, par म: (*m*) ; le *bacchique*, par य:
(*y*) ; le *crétique*, par र: (*r*) ; l'*anapeste*, par स: (*s*) ;
l'*anti-bacchique*, par त: (*t*) ; l'*amphibraque*, par ज:
(*dj*) ; le *dactyle*, par भ: (*bh*), et le *tribraque*, par
न: (*n*).

Tels sont donc les signes que nous avons employés
dans nos vers, et dont il sera actuellement facile au
lecteur de reconnaître la valeur. Mais peut-être ne
lui sera-t-il pas aussi aisé de les retenir dans sa
mémoire, et nous pensons qu'il nous saura quelque
gré de lui indiquer ici, en passant, la petite ruse

mnémonique dont nous nous sommes servis pour
atteindre nous-mêmes ce but.

D'abord j'ai cherché si, parmi les lettres sanskrites,
destinées à représenter tel ou tel pied, il n'y en
aurait pas quelqu'une dont la prononciation appro-
chât du son dominant dans l'expression dont nous
nous servons pour indiquer un même pied, et j'ai
trouvé un rapport suffisant entre le son *m* et notre
mot *molosse*, entre *y* et *bacchique* par le rapproche-
ment du grec ἴαχχος surnom de Bacchus, entre *r* et
crétique, entre *s* et *anapeste*; mais il n'y en avait plus
qu'un bien faible entre *t* et *anti-bacchique*, et abso-
lument aucun entre *dj*, *bh*, *n*, et nos expressions de
amphibraque, *dactyle* et *tribraque*.

Cependant pour parer à cet inconvénient, je me
suis avisé de disposer ces pieds de manière que
celui qui, par une certaine analogie de son, pour-
rait réveiller quelque rapport dans notre esprit,
précédât alternativement celui qui n'avait pas cet

avantage ; en ayant de plus le soin que ce dernier
fût positivement l'inverse du premier dans la disposition des longues et des brèves, de telle sorte que
l'inconnu ressortît naturellement du connu, et il en
résulta l'ordre suivant :

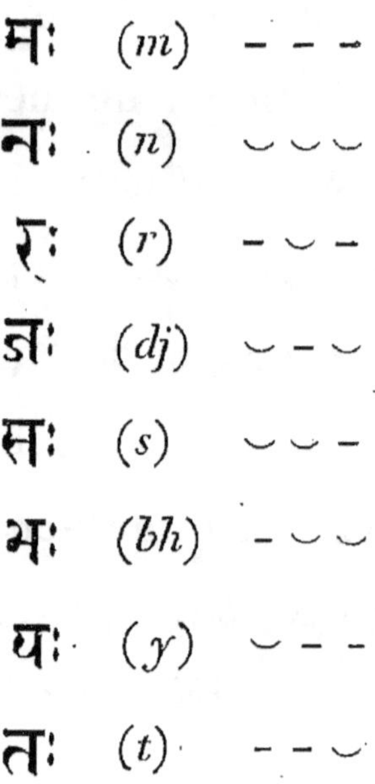

Mais, de plus, comme une série de lettres isolées
n'eût laissé que peu de prise à la mémoire, j'ai
cherché, en groupant ensemble ces consonnes dans
le même ordre, à en former, au moyen de certaines
voyelles dont on devra les priver mentalement, une
proposition complète, facile à retenir. J'y réussis, en

effet, et je la renfermai dans ce simple पाद: (*pâda*)
ou hémistiche :

मा नो राजा सभां यातु *

que je ne crains pas de donner comme la clef la
plus propre à faciliter l'intelligence et l'emploi des
tables métriques, dressées selon la méthode indienne.

Le lecteur en reconnaîtra particulièrement l'u-
tilité, par rapport à la classe capitale अक्षरच्छन्द:
(*akcharattch'handa*), qui comprend toutes les diffé-
rentes espèces de mètres égaux à la fois et par le
nombre des syllabes et par la quantité, et dont l'emploi est le plus étendu après celui de notre श्लोक:
(*Sloka*), stance composée dans un mètre également
uniforme quant au nombre des syllabes, mais qui
varie par la quantité.

Les poèmes indiens, dans quelque mètre qu'ils
soient composés, marchent constamment par stances

---

* Littéralement : *ne nostrum rex cœlum adeat.*

de deux vers, susceptibles chacun d'être divisé en deux parties ou *pâdas* *, le plus souvent égaux et uniformes, comme cela a lieu presque généralement pour la classe क्षुद्रछन्दः ; et dans ce dernier cas l'usage est de scander ces *pâdas* par pieds de trois syllabes, à commencer par la première, sauf à n'en laisser que deux ou même une seule à la fin.

Mais, à l'égard du *Sloka*, la marche est un peu différente, la première et la dernière syllabe du *pâda* (qui en contient huit) y étant considérées comme isolées et indifféremment longues ou brèves, tandis que les six intermédiaires seules forment deux pieds trisyllabiques, assujétis à certaines lois que nous allons développer.

En conséquence, pour faciliter notre explication, nous ne considérerons, dans le vers formé par la réunion de deux pâdas , que les quatre pieds proprement dits, ou mieux les quatre places que tel ou

---

* Méthode applicable même au mètre *âryâ*, analogue en quelque sorte, dans sa marche, au vers élégiaque.

tel pied doit y tenir, sans nous embarrasser des syllabes qui commencent ou terminent chacun des *pâdas*, ce qui serait d'ailleurs superflu, puisque, comme nous venons de le dire , elles sont toujours *ad libitum*.

Or , d'après un nombre prodigieux d'exemples , résultat d'un travail aussi fastidieux que pénible , nous croyons pouvoir affirmer que le *Sloka* , qu'il soit ou non considéré comme formé par le mélange de plusieurs variétés du mètre अनुष्टुभ् (*anouchtoubh*) (1) ; que le *Sloka* , tel qu'il a été défini par Vâlmîki , au moment même où , dans un accès de douleur , ce mètre lui fut inspiré tout-à-coup (2) ; tel qu'il est employé avec ses variétés par les meilleurs auteurs, exige, pour sa construction régulière, les conditions suivantes :

1° Ces six pieds , le molosse , le crétique , l'amphibraque, le dactyle, le bacchique et l'anti-bacchique , doivent seuls occuper la première place , à l'exclusion de l'anapeste et du tribraque (3).

2° Le bacchique paraît être spécialement destiné à la seconde place, quoique les poètes les plus estimés, Kâlidâsa entre autres, lui substituent fréquemment le molosse, le tribraque, le dactyle et le crétique. Mais il faut avoir soin alors de faire alterner ces quatre derniers pieds avec le bacchique, dans la même stance, de manière que celui-ci en occupe soit le premier, soit le second vers ; ou bien il faut redoubler un même pied dans les deux vers également (4).

3° Le molosse, l'amphibraque, le dactyle, le bacchique et l'anti-bacchique, sont seuls destinés à la troisième place, dont l'anapeste, le tribraque et le crétique doivent être exclus avec la dernière rigueur.

4° Nul autre pied que l'amphibraque ne peut occuper la quatrième place. Cette règle est encore plus inviolable que celle qui regarde le dactyle, comme avant-dernier pied dans l'hexamètre latin.

Les règles précédentes, exprimées en signes métriques, donnent le thème général suivant :

	1re pl. (6 p.)	2e pl. (5 p.)	3e pl. (5 p.)	4e pl. (1 p.)
Pieds admis.	— — —	∪ — —	— — —	∪ — ∪
	— ∪ —	— — —	∪ — ∪	
	∪ — ∪	∪ ∪ ∪	— ∪ ∪	
	— ∪ ∪	— ∪ —	∪ — —	
	∪ — —	— ∪ ∪	— — ∪	
	— — ∪			
Pieds exclus.	∪ ∪ —	∪ ∪ —	∪ ∪ —	tous,
	∪ ∪ ∪	∪ — ∪	— ∪ —	excepté
		— — ∪	∪ ∪ ∪	∪ — ∪

Et c'est ce thème que, sous une forme commode pour la mémoire, nous avons renfermé tout entier dans le quatrain technique que voici :

॥ श्लोकरचनाविधिः ॥

प्रथमे द्वितीये स्थाने रः स्यान्नान्यत्र कर्हिचित् ।
द्वितीये नो नान्यत्रास्तु सस्तु त्यज्येत सर्वशः ॥ १ ॥
द्वितीये मो नभौ रः स्युर्यस्थाने यदि मन्यसे ।
चतुर्थे ऽपि ज्ञान्नान्यां मात्रां लेखितुमर्हसि ॥ २ ॥

Maintenant, pour mettre le lecteur en état d'appliquer cette théorie, nous pourrions joindre ici une foule de vers pris au hasard dans les grandes compositions métriques des Indiens ; mais nous préférons lui mettre sous les yeux trois petites pièces seulement que nous avons déterrées dans un manuscrit fort rare, peut-être unique, qui est en notre possession, et qui nous ont frappés par les rapports étonnans qu'elles présentent avec trois petits poèmes grecs, qui, dans leur genre, passent avec raison pour autant de chefs-d'œuvre dans l'esprit des gens sensibles au naturel et à la grâce.

❀ अतीवमोदोद्वर्षानं ❀

न स मानवो देवः स यस्तिष्ठति तवाभितः ।
मधुरं ते वचः शृण्वन् पिबंश्चारुस्मितं तव ।
तत् स्मितं मुह्यते येन सन्तप्तोरसि हृन्मम ॥ १ ॥
यदा वां नाम पश्यामि सुन्दरि व्रीडितं तदा ।
वचो न मे लब्धं किञ्चिद्धद्धा जिह्वा च तिष्ठति ॥ २ ॥
सर्वेषु मम गात्रेषु सूक्ष्मो वह्निर्विसर्पति ।
चक्षुष्यावृणोति तमः शिञ्जाते श्रवणौ मम ॥ ३ ॥
शीतस्वेदार्द्रसर्वाङ्गी तन्वां पतति वेपथुः ।
तृणात् पाण्डुतरा चापि प्राणहीना मरामि वै ॥ ४ ॥

❋ कामलद्मीसंवादः ❋

एकदा कामो नलिने शयानं मधुपायिनं ।
अदृष्ट्वा तेन दष्टोऽभूच्चुक्रोश च रुरोद च ॥ १ ॥

शीघ्रं शीघ्रं जवन् भीतः सुन्दरीं कमलां प्रति ।
हाहा देवि पश्यावादीद्धाहा देवि हतोऽस्मि हि ॥ २ ॥

सर्पो मामदांन्नीत् नुद्रश्चित्राङ्गः पल्लवांश्च सः ।
यं पुष्यलिह्दमाख्यान्ति स्वभाषासु कृषीबलाः ॥ ३ ॥

सा तूवाचैतदिदिधे चेत् पीडयत्यलिकाटकः ।
किं पुत्र न खिन्दते ते घे त्वया विशिखैर्हताः ॥ ४ ॥

❀ कामनृशंसत्वं ❀

अर्धरात्रे सुसुप्तस्य कामो द्वारं डुधाव मे ।
कः कोऽत्र मयोक्तं केन भग्नं मे स्वपनं मृडु ॥ १ ॥

मां प्रत्युवाच कन्दर्पो मा भैषीः शिशुरस्मि वै ।
शीतवर्षणार्द्रतनुर्नतं तमसि संभ्रमन् ॥ २ ॥

तच्छ्रुत्वा कृपान्वितेन स मयाशु प्रवेशितः ।
बालं पश्यामि सुत्रस्तं तूणापृष्ठं धनुष्करं ॥ ३ ॥

तदर्थेऽग्निसमीपत्वे शयनं रचयाम्यरं ।
तस्य पाणयुष्णीकरोमि मार्ज्मि च स्तिमितालकान् ॥ ४ ॥

स सपद्यपि सन्तुष्टो मां पार्श्वादुत्थितोऽब्रवीत् ।
धनुर्ज्यां द्रष्टुमिच्छामि न स्यादद्बिर्गुणीकृता ॥ ५ ॥

ततोऽरं सशरं चापमकरोत् प्रहसन्निव ।
दन्मध्ये विव्याध च मां मुदा नृत्यन् स निर्दयः ॥ ६ ॥

साधु साधु तेनाप्युक्तं शंस मां खलु सड्डन ।
इष्वासे न दोषः किञ्चिदत्र दत्ते सुपीडितं ॥ ७ ॥

Si, dans l'étude de ces morceaux, le lecteur trouvait quelque dédommagement à la sécheresse des préceptes précédens, et si nous apprenions qu'il y eût pris quelque plaisir, nous nous empresserions de lui en communiquer d'autres du même genre, que renferme notre manuscrit, dont malheureusement nous n'avons pu déchiffrer la date, mais que nous avons tout lieu de croire assez récente.

FIN.

NOTES.

NOTES.

(1) Le célèbre Colebrooke semble admettre la première de ces suppositions, mais nous penchons plutôt pour la négative, car tout en rejetant le récit fabuleux qui donne au sloka l'antériorité sur tous les autres mètres, il est évident que l'anouchtoubh, comme faisant partie de la classe akcharattch'handa, et ne devant par conséquent renfermer que des vers égaux à la fois en nombre et en quantité, ne peut s'accorder avec la nature du sloka.

Ce n'est pas cependant que ce dernier ne puisse présenter dans ses pâdas impairs (et cela a lieu même fort souvent) une disposition dans les *longues* et les *brèves* analogue à celle qui règne dans quatre ou cinq variétés du mètre anouchtoubh, mais il est probable que ce n'est que par un pur effet du hasard dû au grand nombre de combinaisons admissibles dans la construction du sloka ; et pourquoi ne serait-ce pas plutôt ce dernier mètre, beaucoup plus libre dans sa marche, qui aurait donné naissance à l'anouchtoubh, dont la composition plus sévère semble n'avoir dû être imaginée que plus tard ?

(2) Il est dit dans les prolégomènes du Râmâyana que Vâlmîki, exalté par le récit que Nârada, le messager des dieux, venait de lui faire des qualités surnaturelles et des actions éclatantes de Râma, résolut de composer d'après cette esquisse un ouvrage étendu, destiné à perpétuer la gloire de ce héros. Un jour donc qu'il se promenait tout rêveur sur les bords fleuris du Tamasâ, en songeant à la composition de son ouvrage, il aperçut deux cignes éclatans de blancheur, et au moment même où il considérait avec le plus vif plaisir la grâce qu'ils imprimaient à leurs mouvemens voluptueux, un chasseur décoche une flèche et perce le mâle presque à ses pieds.

Indigné d'une action aussi cruelle, Vâlmîki prononce dans sa colère, contre le chasseur, cette imprécation :

« Être dégradé ! puisses-tu ne jamais parvenir à l'élé-
» vation, toi qui viens de tuer ce cigne au moment même
» où il était ivre d'amour ! »

मा निषाद प्रतिष्ठां त्वमगमः शाश्वतीः समाः ।
यत् क्रौञ्चमिथुनादेकमवधीः काममोहितं ॥

Puis la répétant plusieurs fois en lui-même, et frappé

d'y trouver une sorte de cadence toute nouvelle, il se tourne
vers un de ses élèves qui l'accompagnait et lui dit :

« Bhâradwâdja ! que cette période composée de quatre
» portions régulières , renfermant chacune un nombre
» égal de syllabes, et qui m'a été inspirée par la douleur,
» [श्रोकः] reçoive, à cause de cela même , la dénomi-
» nation de [श्लोकः]. »

पादैश्चतुर्भिः संयुक्तमिदं वाक्यं समाद्वरैः ।
श्रोचतोक्तं मया यस्मात् तस्मात् श्लोको भवविति ।

Cependant Brahmâ apparaît à Vâlmîki, qui, tout plein
encore de sa douleur, répétait l'imprécation qui venait de
lui échapper. Le dieu en écoute avec ravissement les sons
mélodieux et mesurés , et ordonne au saint personnage,
devenu poète ainsi tout‑à‑coup, de composer son Râ‑
mâyana dans le mètre qu'il venait d'inventer.

Telle est la manière dont les Indiens racontent l'origine
de la poésie parmi eux. Peut‑être le lecteur ne sera‑t‑il
pas fâché de rencontrer ici cette petite fable aussi ingé‑
nieuse que beaucoup d'autres , et recommandable surtout
par sa haute antiquité.

(3) On trouve pourtant quelquefois l'anapeste et le tri-braque mis à la première place dans les pâdas impairs, mais l'excessive rareté de ces exemples prouve assez que c'est une pure licence dont on doit s'abstenir le plus possible.

(4) Il n'est pas non plus sans exemple de faire alterner ces différens pieds entre eux dans la même stance à la seconde place, à l'exclusion du bacchique ; et nous avons rencontré plusieurs fois le crétique ou le tribraque alternant ainsi avec le dactyle ; le tribraque avec le molosse, celui-ci avec le crétique et *vice versa*, mais il paraît que cette pratique est désapprouvée par les bons poètes.

FIN DES NOTES.